AF497905

... qui ma donne
ce livre pour vous lenvoyer
ma dit aussi que mr du Fresne
est mort depuis peu. Je nay
pas le temps de vous dire en
detail les plaisir que ma causé
la nouvelle connoissance du
dit Sr. Langlois, et les agreables
connoissances qu'il me donne journe...
Je vous prie de l'en remercier
si vous luy escrives. tous vos
amis vous font leurs complimens
a la 1eur occasion Je vous envoy
... d'ille de ma facon qui me
vous deplaira pas ... ce que
Jespere non plus que Joseph
auquel ... travaille encore
votre obeissant
neveu de Mesan...

1698

400

L'ART

DE DECRIER

CE QU'ON N'ENTEND POINT,

OÙ

LE MEDECIN MUSICIEN.

Exposition de la mauvaise foi d'un extrait
du Journal de Paris.

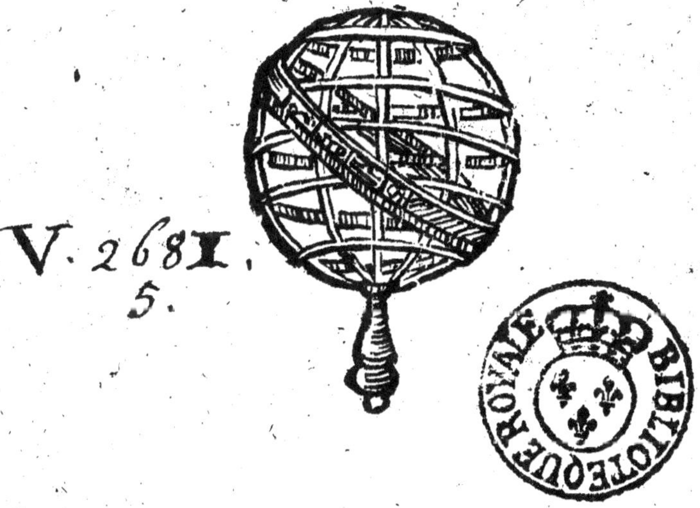

A BRUXELLES,

Chez FRANCOIS FOPPENS, au
Saint-Esprit.

M. DCCVI.

L'ART
DE DÉCRIER
CE QU'ON N'ENTEND POINT,
OU
LE MEDECIN MUSICIEN.

C'Eſt Mr Andry a Docteur Regent de la Faculté de Médecine de Paris, Conſeiller Lecteur & Profeſſeur du Roy, Aprobateur & Journaliſte pour les Livres de Médecine, qui a trouvé cét *Art* là, & qui l'exerce & le fait valoir bien plus que toutes ſes autres qualitez. Je n'entreprendrai pas, Monſieur, de vous raporter ſes divers chef-d'œuvres, je n'y ai pas été attentif, mais avant qu'il m'eût apris à moi-même quel homme il eſt, on m'avoit conté un trait de lui, qui le peint. Il faiſoit les extraits des Livres de Medecine de Mr Lemeri. Celui-ci ne lui demandoit peut-être point ſon agré-ment pour les compoſer.

b *Et toûjours le Potier porte envie au Potier.*

Mr Andry mettoit ſi bien en œuvre

A

tous les secrets du bel art qu'il a trouvé, qu'on lui défendit d'être le Journaliste de Mr Lemeri. Il ne se l'est point tenu pour dit, & a continué par bonne amitié à faire des extraits de chaque Livre de son confrere ; mais comme il n'est plus le maître d'en orner le Journal de Paris, il les envoye en Hollande & prend soin qu'ils y soient imprimez. Voilà, Monsieur, un trés obligeant critique. Il est comptable de tous ses momens envers mille moribons qu'il ressusciteroit ; cependant qu'on le laisse faire, il sera encore, genereusement & sans gages, le plaisant de tous les Journaux de l'Europe. Je vis ce Carême un ᵃécrit contre lui, (car bien des gens ont le malheur de lui déplaire) dans lequel on prétend de même qu'il est le premier homme du monde pour prendre l'objection pour la solution. L'écrit prouve net cette petite méprise, mais il sembleroit prouver une chose hors de vrai-semblance. Mr Andry ne connoîtroit pas bien un vilain mal que ses *Fraters* se font un jeu de guérir. C'est là ce que je ne croirai point d'un Docteur en Medecine si amplement titré, & que l'étude des beaux arts n'a pas fort détourné de celle de sa profession.

Pour venir à moi, Mr l'Abbé R[aquenet] ayant composé une *Défense* du ᵇ*Paralelle*, où il refutoit & critiquoit ma *a Comparaison*, apella Mr le Médecin pour arbitre de nôtre different. Mr le Médecin fit un *b* extrait de la Défense où il le loüa & me blâma fort, & lorsque ma seconde & ma troisiéme parties ont paru, il en a encore donné de sa main un *c* extrait, qui n'a jamais eu d'exemple, & qui en servira éternellement de l'étenduë de sa probité & de son génie.

Si ces nouveaux traits de Mr Andry ne m'avoient pas percé jusqu'au fond du cœur, il auroit droit d'en user comme Fimbria vouloit faire à l'égard de Scevola, de m'accuser en justice *d de n'avoir qu'à demi reçû ses coups*. J'y paroîtrai donc sensible, j'aurai *e la bienséance de cét air douloureux*, que nous devons à la colere de nos Maîtres. Il nioit fort d'avoir fait son premier extrait, & le rejettoit sur Mr Pouchard, croyant pouvoir se servir à son gré du nom d'un de ses morts : il s'est vanté noblement de cét ouvrage-ci, parce que tous Mrs ses confreres sont en état de parler, s'il le leur attribuoit.

J'avouë que dans ma Réponse à la *Défense du Paralelle*, j'avois un peu man-

---

a *Comparaison de la Musique Italienne & de la Musique Françoise.*

b *Journ. de Paris* 7. Décembre 1705.

c *Journ. de Paris* 11. Avril 1706.

d dis egerat ut scævola in funere Caii marii jugularetur, quem postquam ex vulnere recreatum comperit, accusare ad populum instituit. Interrogatus deinde quid de eo secius dicturus esset, respondit se objecturum illi quod parcius corpore telum recepisset. Val. Max. liv. 9. c. 11.

e S. Evremont lettre au C. d'Olonne.

qué de respect à la dignité du Journaliste.
Je n'avois pas trouvé son stile au dessus de
la critique, & j'avois ri de sa complai-
sance pour Mr l'Abbé R. aprés lequel il
apelle aveuglément un *Maugars* inconnu
*un des plus grands Musiciens François du
siécle passé.* Ecart qui peut diminuer le
poids de ses éloges & de ses censures, car
si j'avois apellé quelque Charlatan connu une fois par une cure extraordinaire,
un des plus grands Medecins de son siécle
Mr Andry me passeroit-il le moindre
goût en Medecine & en Medecins ? Il a
donc eu personnellement à vanger son autorité méprisée, & il n'avoit pas besoin
d'être tant sollicité contre moi. L'indis-
cretion que j'eus de rire de son extrait,
comme de l'ouvrage d'un Auteur ordi-
naire, & son attachement pour Mrs Perraut & R. justifient sans doute son second emportement. Veut-on qu'un Journaliste soit insensible, & ne donne rien à
une colere recente & légitime, & à une
liaison ancienne & flâteuse ?

Aussi est-il aisé de voir par le début
de son extrait, que le personnage public
de *Pere Commun des Auteurs*, n'a sçû
l'engager à sauver ici aucune aparence.
La querelle qu'il me va d'abord chercher sur cette seconde Edition, & tous
ces raisonnemens d'imprimeur décou-

vrent son ame à nud. Il est le premier
Journaliste qui se soit jamais paré de cette
érudition de boutique, & il avoit assuré-
ment fait une consultation de Correcteurs
d'imprimerie : il devoit raporter leurs at-
testations. Je ne lui répondrai pas là-des-
sus, *errata a enim sive potius portenta ty-*
pographica, quando mea non sunt, non est
meum excusare. C'est au Libraire qui a imprimé & si mal imprimé la *Comparaison,*
à assembler aussi ses Correcteurs pour le
satisfaire.

Du reste, je suis à plaindre de n'avoir
pas deviné que le disciple de Galien déci-
deroit dans le Journal de Paris des vraïes
beautez de la Musique : j'aurois coulé
parmi mes détails d'airs & de simphonies
quelques loüanges de la seignée & de l'O-
pium, par où j'aurois partagé la protec-
tion d'un Journal qui entraîne les suffra-
ges du public. Voilà un tribunal où les
emplois sont bien confondus.

En ce Senat où chacun sçait tout faire,

Le Médecin juge un Musicien ;

Et sur ce pié, le Poëte y peut bien

Etre jugé par un Apoticaire.

En cas que Mr Andry fasse jamais une
comparaison de la casse & de la rhubarbe,
& un traité du bon goût en pillules, il
peut prendre garde à lui, j'entreprendrai d'avoir ma revanche. Mais en at-

A iij

tendant , je vais, Monsieur, r'assurer l'estime que vos amis ont pû avoir pour mes deux dernieres parties : moins mortifié de la nécessité du combat, que de la honte des deux ennemis.

On demeurera d'accord que Mr le Medecin en a usé avec une sorte de jugement dans ce libelle-ci : de peur de faire encore quelque *qui pro quo* en Musique, il n'en a point parlé du tout. Dans l'extrait de trois parties d'un traité de Musique, il a trouvé le secret de ne pas dire un seul mot, ni du dessein, ni des systêmes, ni des preuves, ni des objections, ni enfin du fond de la matiere. Et qu'importe au public qu'on lui aprenne ce que prétend, ce qu'établit un Livre nouveau ? Tous les Journalistes qui jusqu'ici ont fait de cela le capital de leurs extraits, n'ont point entendu le fin & le joli de leur métier. Je croi gâgner à ce tour inoüi de l'extrait de Mr le Medecin , persuadé que je suis qu'on reprendroit plusieurs de mes opinions : mais s'il n'a rien vû de mauvais dans mon Livre pour les choses , aussi n'y a-t-il vû quoique ce soit de loüable pour la maniere de les dire, pas un vers, ni un fait agréable, pas une réflexion , ni une expression heureuse. Je ne sçai si j'ai bien ortographié le moindre mot , ou raporté la moindre datte , & si je ne devrois point recommencer par aprendre, comme le Bourgeois Gentilhomme, *l'or-tographe & l'almanac.* Ce plein mépris de Mr Andry est plus fort & plus inoüi encore : il a rendu mon Livre mémorable en tâchant de faire le contraire, car ce sera le premier livre du monde où il ne se trouve rien de bon. Et j'ai bien meilleure opinion de lui ; s'il a fait des Livres, même de Grammaire ou de Musique, je soûtiens, sans les connoître, qu'il y a plusieurs bonnes choses.

Mais parlons avec une franchise provinciale. Il est sensible que son but dans ce libelle, est d'éloigner absolument la curiosité publique. Ces deux dernieres parties l'inquiètent pour lui & pour ses amis, quelque curieux difficile à prévenir seroit d'humeur à vouloir les voir & les éplucher : crainte qui anime d'un bout à l'autre les railleries redoublées de Mr Andry. Pourquoi son extrait, long-tems travaillé, n'a-t-il sçû venir qu'un mois trop tard ? mes deux nouvelles parties étoient déja dans les mains d'un nombre de gens qui les avoient vû avantageusement annoncées *a* toutes trois dans les Mémoires de Trevoux, & la premiere comblée de loüanges dans le Journal de Paris, *b* dans les mémoires de Trevoux, *c* & dans l'histoire des Ouvrages des Sça-

a Juin 1703.& Juillet 1705.
b Du Lundi 11 Août 1704.
c Novembre 1704.

 de Mr Banage. (Ces juges-là ne pré-
voyoient pas que je déplairois à Mr Andry.) Peut-être même que son rare Extrait de loin de glacer la curiosité de tous
ses lecteurs, a piqué celle de plusieurs.
On est d'abord frapé d'une aigreur, d'un
débordement de bile extraordinaire : on
pense ensuite que quand il seroit possible
qu'il y eût un Livre tissu de tant d'imperti-
nences sans aucun mélange de bien, un
Journaliste desinteressé auroit épargné à
l'Auteur une partie de la honte ; & de là
on veut juger lequel de l'Auteur ou du
Journaliste, est le contraire d'un honnête
homme. Mr Andry n'a point prévû cét
inconvénient : ne s'imaginant pas que personne en France regardât les deux dernieres parties d'un Livre qu'il défendroit
tacitement ; il a crû pouvoir donner tout
à sa haine & à la sûreté du parti.

Son ami qui s'aide fort de finesse dans
sa *défense*, y avoit justifié l'excélence de
la Musique Italienne en m'accusant *d'u-*
ne faute contre l'amour qu'on doit avoir
pour son propre Roy. Tant pis pour le
Roy, avois-je osé dire, *le Roy nôtre maî-*
tre, comme il le répétoit trés-bien en dix
endroits, & duquel je suis *né sujet* ; & le
zélé Mr Andry avoit fortifié son premier
extrait de cette accusation d'Etat, qu'on
l'obligea d'en ôter. Je ne crûs pas né-

cessaire d'éclaircir à fond l'éloquente su-
percherie *a* de Mr l'Abbé dans l'esperan-
ce que l'affaire n'iroit pas jusqu'aux Mi-
niftres : en effet ils ne m'en ont rien dit.
Et je ne pouffai pas non plus les deux
harangueurs de l'Italie fur plufieurs autres chicanes auffi décifives pour la matiere, & que je fentirois, que je haï-
rois affez de moi-même dans une querelle d'autrui. Mon peu de vivacité a
achevé d'enhardir ici celle du bon Journalifte. *Nihil eft antipho;*

a Voici mon paffage entier, reméde fouverain contre leurs
impoftures. *Je croi que le Roi n'a plus aujourd'hui de Ca-
ftrati, pardonnez-moi, dit le Chevalier, du moins plufieurs noms en I & en O que je vois dans la lifte des Mufi-
ciens de fa Chapelle, me font croire qu'il pourroit bien y
avoir là quelque animal imbarbe. Mais enfin tant pis pour
le Roi, felon M. l'Abbé, s'il n'y en avoit point. Ce font
les Dieux de la Mufique, & les Heros du Paralelle.* Dial.
2. p. 108.
Il me fouvient d'une autre fupercherie importante de
M l'Abbé. *La premiere fois qu'on entend les ouvrages
des compofiteurs Italiens,* me fait-il dire, défenf&
p. 39. *ils enchantent : la feconde, ils fe font fouffrir : la
troifiémo, ils choquent : la quatriéme, ils révoltent.* Et
puis il s'écrie qu'*il n'y a point de François à qui précifémen&
tout le contraire ne foit arrivé en Italie.* Mais ce n'eft là
ni mon paffage, ni ma penfée. Je prétends feulement que les
beautez hardies & contre les régles, ne plaifent plus aux gens
de bon goût, dés qu'elles deviennent trop frequentes dans une
Piéce, & je ne parle point du tout de l'effet que font les piéces
Italiennes en gros. *Ces fortes de beautez,* dis-je, 1 Dial.
p. 37. *ne veulent pas être prodiguées. La premiere fois
qu'on les entend dans les ouvrages des Compofiteurs Italiens, elles enchantent* &c. *elles,* & non pas, *ils.* Où eft-
on réduit quand on en vient à ces fineffes, qu'un Lecteur
attentif aperçoit du premier coup d'œil, en confrontant les
deux écrits ? c'eft une trifte reffource, que celle des fauffes
citations : l'avantage en eft incertain & court, la honte cruelle
& durable.

Quin male narrando possit depravarier,
Tu id quod boni est excerpis, dicis quod
mali est.

[a] Teren.
Phorm.
Act 4.
Sc. 4.

Non seulement il a tû le bien & remarqué le mal, qui est-ce qui n'en sçauroit pas faire autant ? il a emploié des adresses qui lui sont particulieres, & qui sans difficulté seront toûjours victorieuses, tant qu'on ne les combatra point...
Jeune auteur qui *voyez* que mon stile

[b] Pour-
ceau-
gnac.
Act. 2.

sent un peu [b] *le lavement,* vous hazardez quelquefois des expressions que vous adoucissez par des correctifs : j'ôterai vos correctifs & vos adoucissemens. Vous pensez, vous parlez quelquefois juste, & vous m'en craignez moins. Oh, je vous ferai penser & parler aussi mal qu'il me plaira... Mr le Medecin Musicien se l'est ainsi proposé, & ce qui est terrible pour moi, avec vingt ou trente de mes phrases défigurées, tronquées, estropiées, il n'a point manqué de le faire. Cependant le détail de ruses où il descend aïant quelque chose de fatiguant & de bas ; si j'avois eu l'honneur d'être un des fraters de son conseil, je lui aurois conseillé de ne mettre que ce peu de mots aprés le tître de la Comparaison. *Ne lisez point, Messieurs, ne lisez point ce long traité de Musique. Je suis professeur royal en Medecine & Docteur de*

*la Faculté de Paris, & je vous assure qu'il
ne vaut rien. De plus on m'y manque de respect, à moi & à Mrs Perraut & R. que je
protege, &* a *quand il seroit bon, il fau-*
droit qu'il devint mauvais *pour l'indiscre-
tion des véritez qu'on nous y dit.* Mais M^r
Andry a mieux aimé faire briller la finesse
de ses talens ordinaires.

La seule chose digne d'attention qu'il
m'a reprochée, c'est que j'ai parlé trop
librement de ce Mr Perraut son maître
& de Mr de Fontenelle. Il vange de
nouveau le fameux pere des Modernes.

b *A quo, ceu fonte perenni*
Nostrorum insulsis ora rigantur aquis.

Je dois répondre à ce reproche,
qu'on m'a fait de deux ou trois autres
endroits. Par quel privilége le nom de
Mr Perraut est-il sacré ? j'ose me plaindre à mon tour, qu'il ne soit pas permis de railler le petit Maître à Cheveux
gris, qui a impunément sifflé Homere,
Virgile, Demosthene & Ciceron...
ce sont des Morts de trente siécles.
Quels Morts, & combien leur nom &
leur gloire sont-ils chers à mille honnêtes
gens vivans... Mr Perraut étoit de l'A-
cademie Françoise. Les Cassagne,
Cotin, le Clerc, Boyer, noms consa-
crez à la raillerie, beaucoup moins juste-

a Pour-
ceau-
gnac.
Act. 1.

b Imit.
d'Ovi-
de.

ment je pense, en étoient aussi. Mais si c'est un crime d'outrager un auteur mort depuis peu & qui a laissé des confreres & des amis ; Mr Perraut [a] *a trai-té le Pere le Bossu Auteur moderne & Auteur moderne excélent ... d'homme à chimeres & à visions creuses, sans se donner la peine de réfuter aucune de toutes les choses solides que ce* [b] *Pere a écrites ;* & il faut ne pas connoître les Paralelles de Mr Perraut pour ignorer qu'il y a insulté selon son petit pouvoir, vingt Auteurs alors pleins de vie, & dont le moindre valoit mieux que lui. Un Journal célèbre n'a point honte de prendre sa gloire à cœur ! Mais je ne veux sur cela d'autre vengeance de Mr Andry & de ses semblables, que de les voir abandonnez à leur goût. *Hostis si quis erit nobis, amet ille Peraltum.*

A force de travers & de traits risibles, il changent l'indignation en pitié dans le cœur de ceux qu'ils veulent le plus choquer, & on leur pardonne même à la fin [d] *d'abuser du mépris qu'on a pour eux.* Pour me consoler de cét extrait ci, je ne le demandois pas tout-à-fait aussi honteux à son auteur qu'il l'est & le deviendra, & les acclamations des partisans de Mr R. & de la Musique Italienne m'ont fait plaisir.

Marginal notes:

a .C'est M Despreaux qui le remarque, tom. 2. reflex. p. 52.

b Chanoine régulier, Auteur du Traité du Poëme Epique.

c Imit. de prop.

d Mot de M le Comte de Barbançon.

*De

a De l'Italie & de ſon Orateur
Qui peut aimer la burleſque Hauteur,
Le faux brillant, la fade gentilleſſe :
O grand Andry , le plaiſant du Jour-
nal ,
Pourra ſouffrir ton air original,
Ta bonne foi, ton ſçavoir, ton adreſſe.

Au regard de Mr de Fontenelle, il a répandu à ſon gré ſur Virgile des plaiſanteries aſſaiſonnées de tout le ſel moderne , *b il nomme à chaque page Theocrite un Auteur trés ruſtique & trés groſſier, & il compare ſes Idylles à des Idylles de porteurs d'eau* , ſans que ces Cenſeurs publics y trouvent à redire : le ſçavant Mr de Longe-pierre l'apelle librement là deſſus un *c critique d'une nouvelle eſpece* , & ajoûte en termes formels *qu'on auroit mauvaiſe opinion de ſon loiſir, s'il s'amuſoit à répondre à des choſes ſi pitoyables, & qu'il ſuffit de lire pour en ſentir le ridicule.* M'eſt-il deffendu à moi de n'eſtimer pas à cét égard le goût de Mr de Fontenelle , dans le tems encore qu'il paroît d'ailleurs que je ſouhaiterois fort de pouvoir le loüer en tout ? il eſt devenu un Auteur au deſſus de nôtre critique en bien moins de tems que Théocrite & Virgile ne ſont devenus des Poëtes au deſſus de la ſienne. Mais quelque pût être le ſort de ma ſincerité,

B

a Qui bavium, &c.

b Idyll. de The. trad. de Grec en Franç. p. 42.

c Ibid.

j'aurois de la peine à la quitter. Je pourrai me tromper, j'en ſuis plus capable que perſonne : je me tromperai en honnête homme, non-ſeulement ſans fourberie, ſans falſifications palpables, mais ſans ombre de chicane, ſans aucun motif d'interêt ni d'animoſité, portant la naïveté juſqu'à avoüer ſans détour, comme je l'ai déja fait, mes fautes legeres ou groſſieres, dés que je les ſentirai, & je dirai ici nuëment de Mr Andry lui-même, qu'ayant un ſtile fin & agréable, quoique peu correct, c'eſt dommage qu'il ne ſçache rien, & qu'il ait un défaut de droiture, qui outre l'infamie de ce vice, cache ſa juſteſſe d'eſprit s'il en a.

Mais, Monſieur, quel ton prens-je ? il en turlupinera encore. Si je voulois donc chanter ſes loüanges d'un autre air ſur ſon libelle du 12. Avril, je les partagerois en quatre points : ſa bonne foi, ſa bonté, ſon érudition, ſa jolie maniere de railler. Et m'adreſſant à lui-même, Seigneur Journaliſte, lui dirois-je, qu'on a en vous un maître propre à affermir dans l'amour de l'étude les gens de lettres déja connus, à encourager ceux qui commencent & à exciter les talens de tous ! Que vôtre régne vient à propos en une ſaiſon ou le bon goût fur fon penchant, demande en effet qu'on s'éforce de retarder la décadence prochaine des beaux arts ! Vôtre réputation de bonne foi eſt étenduë & croîtra toûjours : elle croîtra de cette ſeule affaire-ci. Poùrſuivez, Seigneur, en dépit de vos ennemis, vôtre glorieuſe carriere. Si comme le bonnet de Médecin vous a donné droit *a* *de percer, de tailler, de couper & de tüer impunément par toute la terre,* le brevet de Journaliſte vous le donne de ſuprimer, de tronquer & de falſifier avec liberté & avec honneur, qui a jamais joint deux qualitez ſi privilégiées ? Ce ſera de vous qu'on pourra dire à la lettre, que vous *portez dans vos mains un glaive à deux tranchants,* glaive ſous qui doivent également trembler les Rois & les Philoſophes, & les têtes couvertes des lauriers de Mars ou d'Apollon.

Les b Heros de la Thrace & ceux du double Mont.

Véritablement vos gens de lettres, nation plus mutine que vos malades, vous chicaneront ce dernier droit, & il ſembleroit auſſi que vôtre pouvoir devroit avoir certaines bornes : que comme il ne vous eſt permis de tuer qu'avec les remédes de la Faculté, il ne vous le feroit de turlupiner que ſur des paſſages extraits légitimement des Auteurs

a Malad. imag.

b La Fontaine Poëme du Quin-quina.

que vous accablez. N'importe. Mais
Seigneur, me pardonneriez-vous une
penſée qui m'eſt venuë tout à coup?
Dans les heureuſes diſpoſitions que vous
avez à rendre ſervice à ceux qui vous
en prient de bonne grace, que ne choi-
ſiſſiez-vous une profeſſion où les bons
coups fuſſent plus utiles que dans celle
de Journaliſte, car je doute qu'ils vous
raportent beaucoup en celle-là? que ne
vous faiſiez vous Notaire? vous auriez
couru plus de danger du côté de la Juſtice, mais en récompenſe, quelque mal-
heureux que ſoient les tems, vous auriez
fait une bonne maiſon en peu d'années.
A la bonne foi de Mr Andry, tient ſa
bonté. Celle-ci agit & s'égaye où l'autre ne ſçauroit trouver à travailler.
Quant à ſon érudition ſes envieux la lui
conteſtent mal à propos. Le prennent ils
pour quelque Anglois ou quelque Alle-
mand, d'attendre qu'il aille charger ſes
extraits d'un vain étalage de lecture? il
ne cite ni ancien ni moderne, il n'apuïe
ſes ſentimens d'autoritez ni de raiſons,
il n'aprend jamais rien à ſes lecteurs.
Et qu'eſt-ce que les anciens? ils n'a-
voient ni ſéné ni ſucre. En fait de moderne, en faut-il d'autres que lui-même, &
n'eſt-ce pas un uſage & un accord entre tous les Perrauts & les R. que cha-

cun fe croye d'un poids à fe paffer de
l'autorité d'autrui, & diffimule ainfi fon
érudition, pour donner davantage à l'ef-
prit & à la gentilleffe ? Mr Andry fçait
qu'on a pû reprocher autrefois à Mr
Baîle que les Livres dont il parloit fe
perdoient, pour ainfi dire, fous la quantité de jolies chofes tirées de fon fond,
qu'il y mêloit : l'excélent Journalifte évi-
tera foigneufement ce défaut toute fa
vie. Concevez, Meffieurs, le mérite fin-
gulier de fes extraits, & en cas que vous
puiffiez imiter quelqu'un de fes exem-
ples, lui dérober quelqu'une de fes manieres, comtez qu'il vous aura apris plus
que perfonne. Refte fes railleries. On
dit qu'aïant prefque toûjours deffein
de faire rire au dépens des Livres nouveaux, tout fon talent ne va qu'à raf-
fembler & à lier avec un grand art de
bouffonnerie divers paffages féparés, &
à les prefenter en turlupin fort expert
fous un jour ridicule, qui ceffe dés qu'on
les remet en leur place. Hé bien, quel
gré ne lui doivent point fçavoir les lecteurs du Journal, de les réjoüir de cette
façon, contre la coûtume & les régles
des Journaux, & contre la gravité d'un
métier particulier qui ne méne pas trop
à l'enjoüement ? n'eft-il pas jufte d'a-
gréer par reconnoiffance, que chargé

B iij

de malades & d'affaires, il aime à païer d'agrémens qui lui coûtent peu, & que ſes plaiſanteries n'aïent pas une ſolidité ſi profonde? elles n'empêchent pas que les Livres nouveaux dont il ſe joüe, ne demeurent bien écrits. A la bonne heure. Pourvû que ſes lecteurs aïent ri, il eſt hors d'interêt, & il conſent même que dans le moment qu'ils rient, ils entrevoïent la vérité au travers de ſes turlupinades. Mr Andry peut fâcher quelqu'un! Pour moi qu'il a accommodé de ſon mieux, je n'ai point trouvé mauvais qu'il fît ſon rôle. Son attention à foüiller par tout mon Livre pour relever à tort des minuties, m'a ſeulement fait ſouvenir de *ce vieux Gentilhomme* * qui ne voïant plus goûte & voulant faire croire qu'il voïoit bien clair, faiſoit ſemblant de prendre une paille ſur l'habit de ceux qui l'entretenoient. Mais loin que le talent de railler, de Mr Andry m'ait chagriné, je vous aſſure, Meſſieurs, qu'il m'a paru comparable à celui de Mr l'Abbé R.

Voilà ce que j'aurois à dire à la gloire de Mr le Médecin Muſicien, ſans que le reſſentiment y ait plus de part que la crainte ou la flâterie. Ce que je croi fort vrai, c'eſt que Mrs ſes confreres ne ſont pas de moitié de ſes gentilleſſes, il les trompe les premiers. On voudra peut-être observer qu'après l'escapade de son premier extrait dont je demandai justice publiquement, il étoit suspect & récusé à mon égard : qu'ainsi le tribunal du Journal de Paris, instruit des loix, ne devoit pas souffrir qu'il fût aussi-tôt mon juge. Je me persuade que cette irrégularité n'a été l'effet que du hazard, ou de quelque manége de M^r le Medecin qui avoit envie de donner un *raport* de Musique, à l'avantage de son ami. Il a pris le tems de Pâque pour faire cette bonne œuvre, il est vrai-semblable que ceux qui l'auroient empêchée étoient absens. Mais il leur est facile de se garantir à l'avenir des inconveniens de l'honneur de sa compagnie. Qu'ils l'obligent de mettre son nom au bas de tous les extraits qu'il fera, la précaution sera excélente pour le Journal, pour le public & pour Mr Andry lui-même : il pourra turlupiner tout *a* son soû, & personne ne se trouvera offensé. Ne seroit-il point à souhaiter que dans tous les Journaux ou plusieurs gens travaillent, ceux qui sont le moins soupçonnez d'être des *Andrys* souscrivissent pourtant chacun son extrait ? ils en seroient encore plus attentifs & plus retenus.

a C'est un terme dont je m'étois servi, & que M. R. dans sa Défense, & M Andry dans son premier Extrait ont critiqué fort sérieusement. Mais je ne laisse pas d'en user encore, parce que je l'ai vû depuis *plus de 20 fois* dans le Lucien d'Ablancourt.

Je n'ai plus qu'à prouver tout ceci, & ce
sera bien-tôt fait. Il ne faut, Monsieur,
que vous tranfcrire fon libelle entier,
mes paffages vis-à-vis. Pardonnez l'air
de factum, & cette opofition nette & pré-
cife fupléera feule à mon peu d'induftrie,
& défera les enchantemens de la fienne.
Je ne fçache point qu'en Hollande où
la diverfité d'interêt & de religion pour-
roît corrompre les Journaliftes qui font
entierement fur leur bonne foi, il foit
arrivé rien d'aprochant : il eft fâcheux
pour ceux de Paris, qu'un d'entr'eux ait
le premier honneur des fubtilitez mémo-
rables qui fraperont ici tout le monde.
Mais   Telle eft l'incommodité
        De toute focieté.
         Ceux à qui le fort nous lie,
         Font pâtir de leur folie,
         Qui ne l'a point mérité.

         Ainfi le long des vergers,
         Soûpirent mille Bergers,
         Des légéretez des belles :
         Ainfi foûpireroient-elles,
         S'il en étoit de legers.

On plaindra d'honnêtes gens d'être
joints à Mr Andry, comme on plai-
gnit Marc Aurele de l'être à Fauftine.
De mon côté fi je n'ai fçû mettre à pro-
fit fes plaifanteries fans fuc, j'y mettrai
l'idée de fa bonne volonté & de la cabale

qui a aidé à l'animer. Je me souviendrai
des beaux vers de Mr Despreaux.

a *Moi qu'une humeur trop libre, un*
  esprit peu soûmis
De bonne heure a pourvû d'utiles en-
  nemis,

. . . . . .

Je songe à chaque trait que ma plu-
  me hazarde
Que d'un œil dangereux leur troupe
  me regarde.

a Epist.
7. à M.
Raci.

Et peut-être réduirai-je ces ennemis
si puissans, si unis & si envenimez à cri-
tiquer ma quatriéme partie d'une maniere encore plus pitoyablement inju-
rieuse, qu'ils n'ont fait les trois premieres.

LE JOURNAL	COMPARAISON

LE JOURNAL des Sçavans, du Lundi 12. Avril 1705.6

COMPARAISON de la Musique, &c.

1. *Nous avons par-*
lé de cette premiere
partie dans le 32.
Journal de 1704.
nous n'en dirons rien
d'avantage. Nous
passerons à la secon-
de & à la troisiéme.

1. Pourquoi Mr le
Médecin Musicien
fait-il souvenir le
public que le Jour-
nal a parlé de ma
premiere partie ?
On trouvera que
ce fut d'un ton fort
different du ton

d'aujourd'hui , & il n'eſt pas dans
l'ordre qu'un Tribunal éclairé choque
& retracte ſes propres Arrêts. On trou-
veroit encore que l'extrait du *Paralelle*
fut auſſi déſobligeant pour Mr R. que
l'extrait de la *Défenſe* l'a été pour moi. Où
étoit donc Mr Andry en cette premiere
occaſion ? mais quand il auroit fait lui-même l'extrait de ma premiere partie, ſur
laquelle il va repaſſer, il ſe met audeſſus
de ces inconſtances. On l'a vû railler dans
un extrait guoguenard les *Curioſitez de la
nature* , qui portent à leur tête une ma-
gnifique aprobation de lui. On diroit d'un
autre qu'il ſe ſeroit mépris , du moins
une fois, pour lui, c'eſt qu'il ſçait changer ſelon les diverſes raiſons ; & que le
public qu'il inſtruit du prix des choſes,
aprenne à changer, quand il change.

2. Il ſeroit diffici-le de faire un extrait bien ſuivi d'un ou-vrage où nous n'a-vons trouvé preſque *aucune ſuite ; nous ſommes réduits mal-gré nous, à nous con-tenter d'en raporter quelques morceaux: mais ces morceaux ne*	2. *Preſque.* Petit reſte de pudeur, il a eu quelque honte de mettre *aucune ſuite.* Il y a peu d'ordre dans la pre-miere partie, parce que Mr l'Abbé R. que je ſuivois pied à-pied, n'en avois obſervé aucun : il

laisseront pas de ser-
vir à faire connoître
le caractere de l'Au-
teur & de l'ouvrage,

y a dans la secon-
de & dans la troi-
siéme parties tout
l'ordre & toute la
suite qu'il peut y

avoir. Sur un prétexte faux & léger,
Mr Andry se dispense tout d'un coup de
parler en aucune façon du fond d'un
ouvrage. Ne pouvoit-il pas faire un plan
des matieres & des opinions, quelque
grande qu'ût été la confusion ? qu'il
prenne le plus beau Livre de Ciceron
ou de Virgile, s'il les entend : qu'il n'en
raporte que de petites phrases écartées,
coupées ou rassemblées à son gré, &
aux quelles il ne laisse ni leurs figures
ni leurs adoucissemens ; un agréable rail-
leur comme lui, rendra peut être Virgile
& Ciceron ridicules.

3. Qui est ce que
nous devons nous
proposer ici?

3. *Qui* est là fort
équivoque. Il faloit
mettre *ce qui*, pour
écrire correcte-

ment. Et dans le joli exorde de son extrait, qu'il seroit inutile de transcrire,
il a enfanté deux phrases curieuses. *Nôtre*
Auteur s'est un peu défié ici de l'incrédu-
lité de ses lecteurs. On ne se défie point
de l'incrédulité, on la prévoit, on l'a-
préhende ; & on se défie, c'est-à-dire,

on doute de la *crédulité*. Faute d'impreſ-
ſion aparemment, mais l'imprimeur du
Journal devroit ſçavoir parler, pour ne
pas faire dire à M. Andry un mot pour
un autre. La ſeconde phraſe a un agré-
ment médité. *Il ne reſteroit plus à nôtre*
Auteur qu'à répondre à la difficulté qui
ſe préſente de la part des caracteres tom-
bez & renverſez. Il ſemble que ces caracteres envoyent une difficulté en em-
baſſade. Ces critiques ſerviront à faire voir au redoutable Grammairien, qu'il
lui étoit facile de trouver à me chica-
ner ſur quelques manieres de parler.
Avec toutes ſes lumieres il n'a ſçû reprendre aucune vraïe faute de langue
dans mes deux dernieres parties : on reprendroit juſtement huit ou dix choſes
vicieuſes dans le peu de lignes de ſon
extrait.

4. *L'Auteur à* *dit dans ſa premiere* *partie qu'un hom-* *me charmé de ſon* *Livre, lui avoit don-* *né des loüanges ca-* *pables d'échauffer* *l'Auteur le plus* *froid.*	4. *Charmé de* *ſon Livre;* n'eſt nul- lement dans la pre- miere partie. Le reſte de cette phraſe y eſt à peu prés, & à pû être repris par Mr l'Abbé R. mais ne le devoit plus être ici : c'eſt que

Mr Andry ſûr de bien faire quand il
ſuit,

fuit Mr l'Abbé, ne veut point perdre cette gloire.

5. Il ajoûte dans cette seconde, qu'une Dame lui en a donné bien d'autres, & de si fort audeſſus des premieres, qu'elles ont été jusqu'à le rendre vain. p. 2.

5. N'aïez point de peur, Madame, que je ne m'attribuë l'honneur de ce que la mode de la Muſique Italienne ſemble baiſſer: quelque vain que vôtre lettre m'ait rendu, je ne me méconnois pas encore tout-à-fait. L'air badin dont cela eſt dit, montre que c'eſt un ſentiment modeſte. Il eſt peu de Livres, où les Auteurs gardent plus de modeſtie que dans celui-ci : en ſix dialogues Mr Andry ne mord point ſur les loüanges ordinaires en ce ſtile. Et l'étenduë que je m'aſſervis à donner à cette réponſe ſimple & raiſonnée; ſera, à ce que j'eſpere, la derniere preuve de mon humilité.

6. Il ſe plaint enſuite du mauvais goût de quelques François qui ſe caſſent la tête, dit-il, pour parvenir à l'agrément du chant des Italiens & des chats. ce ſont ſes impropres termes. p. 9.

6. Je raporte là un paſſage de Perrin qui apelle la Muſique d'Italie *une Muſique de Goutieres.* De cette expreſſion de Perrin miſe en Italique, & repétée exprés, immédiatement de

vant *des Italiens & des chats*, je tire ce mot qu'elle enferme, ce mot est proprement de Perrin & non de moi. L'homme de bonne foi suprime l'expression de Perrin, de laquelle la mienne est née. Que n'y a-t-il dans les Journaux des prix pour les bons tours, comme autrefois à Lacedémone pour les vols subtils ?

7. *Aprés cela il donne au public un receüil de* Vaudevilles *& de chansons de la même espece.*

7. Ce receüil de *Vaudevilles* est un receüil de vers chantans, la plûpart traduits des bons Auteurs Grecs

& Latins, avec une assez longue idylle du même caractere. Ces vers & ceux de *l'Opera Chrétien* sont peut-être suportables, puis qu'il n'a osé y toucher.

8. *L'Auteur a dit encore dans sa premiere partie, que tout petit qu'il étoit, il avoit toûjours mieux aimé les confitures que le papier qui étoit dessus.* p. 179.

8. *Pour moi j'ai vû plusieurs fois sur des boëtes de confitures, des découpures de papier qu'on me disoit d'une délicatesse & d'un travail merveilleux : je les jettois sans les regarder pour chercher ce*

qui étoit dessous, & je voyois les gens d'un bon esprit n'avoir pas plus d'attention que moi pour ces badineries curieuses. Il m'a prêté, *tout petit que j'étois,* & ce passage qui n'est que d'une gayeté raisonnable, devient bousfon dans sa bouche. On n'est point en sûreté avec ces grands Orateurs-là.

9. *Dans cette seconde partie, il ajoûte que tout enfant qu'il étoit, il rioit de ce que M. du T. admiroit un Livre de Musique, avant que d'avoir rien solfié. p. 102.*

9. Il y a, *examiné ni solfié.* Il retranche *examiné,* mot nécessaire : car on pouroit admirer sans *solfier,* si l'on avoit *examiné* quelque tems, & il est en éfet risible qu'on admire, sans avoir

examiné ni solfié. On ne sçauroit lui ôter la gloire de falsifier quelquefois avec jugement. Et ceci est dans un dialogue, l'article précédent est dans une lettre ; ceci a été dit par une femme, cela par un homme. Il sçait confondre lieux & tems & personnages, pour le service du public & de ses amis.

10. *Ensuite il tâche de faire sentir le ridicule de ceux qui ne sçavent qu'accompagner, & qui, quand ils n'ont pas un chanteur sous la main, demeurent, dit-il, à garder le* Mulet.

10. En tronquant & en raportant cette phrase à sa maniere, il n'a sçû la rendre mauvaise, non plus que plusieurs autres qui vont suivre. Et que ne souffre point le

dialogue ? mais c'est ma faute de n'avoir pas mis à la marge de la *Comparaison*, en faveur des Médecins qui la liroient, que *a* Voiture, Patris, *b* &c. ont employé agréablement *garder le Mulet.*

a Lettre 144 au M. de Pisani. *b* Plainte des consones qui n'ont pas l'honneur d'entrer au nom de neuf Germain.

11. *Je vous assure, Mademoiselle, poursuit-il, que je suis fâché de bonne foi de ce que les Italiens n'ont aucun talent. p. 127.*

11. *Je vous assure, Mademoiselle, que je suis fâché de bonne foi de ce que les Italiens n'ont aucun talent, & ils en ont plusieurs considérables, qu'ils ne* gâtent en le poussant à l'excez. Il ne fait que couper ma phrase par la moitié. Je dis que les Italiens ont plusieurs talens considérables, ce que j'ai dit en cent endroits, mais qu'ils les gâtent tous en outrant toûjours les choses ; & par le petit secret de Mr Andry, je me trouve disant haut & clair que les Italiens n'ont aucun talent. Quel dommage qu'un si habile homme ne soit pas Notaire ou Greffier, & jamais Notaire ou Greffier eût-il le front qu'il montre ici, en citant les pages !

12. *Leurs airs sont plats. p. 108.*

12. *Un Italien ne chanteroit pas seul & sans accompagnement, pour le Chapeau rouge. Nouvelle preuve de ce que j'ai pris à tâche de vous montrer que leurs airs par eux-mê-*

mes font plats & fans vraye beauté, fans
expreffion ; & que leurs maîtres ont le méchant goût de s'attacher à les rehauffer par
des accords étrangers & dont ils ont tort
d'attendre un fecours impoffible & dérai-
fonnable. Mr le Médecin Muficien cache
tout le détail & les appuis d'une penfée, il
tire deux petits mots d'une longue phrafe
qui les dévelope. La mefure du ridicule
des Auteurs eft dans fes mains, & il a été
encore moderé à mon égard.

13. *Leurs Madri-*
gaux, au lieu de
confifter en des pefte-
ries galantes, rou-
lent fur de vilains
fentimens politiques.
p. 120.

13. *Leurs Madri-*
gaux fatyriques, au
lieu de confifter en
des plaifanteries, en
des pefteries galan-
tes, roulent fur de
vilains fentimens po-
litiques, à quoi la

Mufique ne convient point. Il retranche
le mot *fatyriques,* qui diftingue les Ma-
drigaux dont je parle. Il retranche, *à*
quoi la Mufique ne convient point, ce qui
acheve ma penfée & la rend vraye & clai-
re. Subtilitez commodes, mais que les
honnêtes gens ne connoiffent pas.

14. *Leurs fym-*
phonies ne font que
hannonner, elles
heurtent une oreille
d'un goût naturel,

14. Dans le dia-
logue, cela n'a rien
que de bien : & par
exemple quelqu'un
a dit que cét extrait

par leurs tons biscor-
nus : ce ne font pas
des tons, ajoûte-t-il,
ce font des cris enra-
gez. p. 166. 167.

n'eft pas paffionné,
mais enragé. Quel
eft l'Auteur dont
toutes les expref-
fions fe foûtien-
dront, arrachées de

leur place, & dépoüillées de ce qui les
prépare & les fauve ? la fidélité de Mr
Andry a été telle, qu'il n'a pas laiffé devi-
ner jufqu'ici, que c'eft de trois converfa-
tions qu'il fait l'extrait.

15. *Nôtre Au-*
teur fe croit obligé
de reprendre en paf-
fant le célébre M.
Racine. Il dit que
ce Poëte dans fon
Idylle de Sceaux a
donné à fon Heros de
l'encenfoir par les
barbes. p. 129. *tou-*
tes expreffions nobles
comme on voit.

15. Je dis, fur
quelque prétexte
fans doute, bon ou
mauvais. (& il eft
bon.) Un autre
l'auroit raporté &
l'auroit donc dé-
truit, avant que de
condamner & l'ex-
preffion & la chofe.

16. *Puis il fe jet-*
te fur feu M. Per-
raut. Il l'apelle le
plus méprifable de
nos Poëtes. p. 130.

16. Voilà le feul
paffage qu'il cite ju-
fte : encore cache-
t-il que je remets à
une femme l'air li-
bre de cette verité

là. *Tout ce que je puis faire pour Racine*

dont les Tragédies sont le livre de ma Bibliothéque le plus doré & le plus usé, c'est d'être fâchée qu'il se soit ainsi égaré & qu'il n'ait pas laissé dire cela à quelque Poëte bien méprisable, a ... quel est le plus méprisable de tous les nôtres ... Mr Perraut, Madame, dit le Chevalier. Mr Perraut est ici assez vôtre affaire ... à Mr Perraut donc, continua la Comtesse.

17. Il demande si quelqu'un sçait que Perraut ait écrit p. 162.

17. Ait écrit *Les vies de nos Hommes illustres*, Livre en effet aussi peu connu, qu'il est sec & plat, & duquel, comme je le dis, on vend à part les Estampes. Il n'est que trop public que Mr Perraut a écrit quatre tomes de paralelles, & je les cite assez souvent. Du reste je dis sans y manquer *Mr Perraut*. Mr Andry ne veut point que je sçache vivre, non plus qu'écrire & raisonner: il me préte ce *Perraut*, tout court, & manque lui-même exprés au respect qu'il doit à son maître, pour me faire incivil & méprisant.

18. Il dit que c'est un Poëte assez mauvais pour être étouffé, s'il y avoit de la police dans le Roïaume. p. 213.

18. Legere adresse. Je ne le dis point, mais j'aplique à Mr Perraut la plaisanterie de Scaron sur Ragotin, & qui

Qu'il a été l'homme du goût le plus traî-tre & le plus déloïal qui fut jamais. p. 237.

étant en italique dans la Comparai-son, devoit être ci-tée de même. Mr le Medecin Musicien voudroit-il prendre au pied de la lettre un mot de Scaron, & croit-il que le trait de cét amusant Auteur, ne sera pas re-connu?

19. Au milieu de cette belle Oraison Funébre, nôtre Au-teur fait un petit abregé de la vie de Lulli, il dit que Lulli étoit de Flo-rence, aparemment un petit Païsan de là autour p. 182.

19. Si ce fait est faux ou douteux, que ne le dit-il? s'il est vrai, pourquoi le releve-t-il?

20. Qu'il fut soû-marmiton de Made-moiselle, qu'un soû-pir qu'elle fit par un autre endroit que par la bouche, & sur le-quel Lulli composa un air, fut la cause de sa disgrace. p. 185.

20. C'est un fait qu'il faloit conter. Le Marquis des Dialogues, le conte, aprés une répu-gnance marquée, & prend le détour d'une stance de Bardou assez ingé-nieuse & qui a été déja *citée par plu*

sieurs gens polis. Mr Andry laisse à côté la préparation & le détour.

21. *Qu'il entra ensuite dans les violons du Roi, qu'un jour qu'il avoit fort diverti sa Majesté, il prit occasion de ruer son coup & se fit Secretaire du Roi.*

21. Je n'ai eu garde de dire que Lulli se fit Secretaire du Roi, étant violon. Je sai qu'on ne passe point de l'un de ces rangs à l'autre. J'ai dit six fois que Lulli étoit depuis plusieurs années sur-intendant de la Musique du Roi & maître de l'Opera, & l'homme de bonne foi saute vingt pages pour assembler deux idées, dont il puisse faire une pensée grotesque & politiquement offensante.

22. *Nôtre Auteur donne ensuite une réfutation du traité de la Musique des Anciens. Il prétend dans ce traité que Moïse étoit meilleur Chymiste qu'aucun Chymiste de nos jours.* p. 247.

22. Je prétends cela véritablement, mais je ne le prétends point en l'air. Je cite deux passages de l'Ecriture qui me semblent encore décisifs, & je cite Thomas Brown & son Commentateur, sçavans peu crédules, qui sont de mon sentiment. Mr Andry a une grande aversion pour les raisons & pour les preuves : il n'en donne, ni n'en

raporte jamais. Mais j'avertis ce severe Grammairien qu'il se néglige fort. L'équivoque de ces mots *il prétend dans ce traité*, est réjoüissante. Car elle fait douter si le Journaliste parle du traité réfuté, ou de la réfutation.

23. *Il finit cette seconde partie par un traité du bon goût en Musique, dans lequel entre plusieurs airs qu'il propose comme du bon goût, quoi qu'il soient chantez par la canaille, il indique celui-ci* ah ah vous avez bon air. *p. 327.*

En voilà bien assez pour cette seconde partie.

23. *Les airs nez sur le Pont-neuf n'en sont pas meilleurs pour passer ensuite dans la bouche de toute la canaille de Paris & des Provinces. Vous pourrez observer néanmoins qu'en fait d'airs de pur Pont-neuf, ceux qui gagnent le fond de nos Provinces, sont ceux qui ont quelque harmonie ou quelque vivacité, sont les moins mauvais. Ceux qui sont absolument méchans, nè passent point le tour du Pont-neuf, les Quais où ils ont commencé : tant il est vrai que le goût général est mal-aisé à corrompre dans un siécle où il y a du goût, & si j'ose vous montrer que j'ai fait attention à ces airs de la canaille, l'air*

Ah ah vous avez bon aire, a *&c. qui nâquit sur le Pont-neuf l'année passée.*

a J'ai cité aire & il le faut, malgré la correction de M. le Médecin Musicien : parce que le Pont-neuf, moins poli que lui, avoit alongé air d'une syllabe, sans laquelle même le chant auroit une notte de trop.

& qui étoit celle-ci chanté de toute la canaille de cette Province, a, je pense, des tons
agréables. Je dis que les airs de la popu-
lace qui se répandent fort, *sont les moins
mauvais*, je dis que celui-là, qui s'est fort
répandu, & auquel j'ai pourtant quelque
honte d'avoir fait atention, *a, je pense, des
tons agréables*. L'indiquai-je comme un
air du bon goût, & en proposai-je plusieurs de la canaille ? Mr le Journaliste, ce
n'est là qu'adresse & subtilité, mais pour-
riez-vous faire pis dans vôtre emploi ?
vous ne sçauriez, je croi, voler le Roi ni
le peuple.

24. Dans la troi-
siéme, on trouve d'a-
bord quelques mor-
ceaux d'un Opera
Chrétien, & ensuite
un discours de la
Musique d'Eglise,
dans lequel nôtre
Auteur reproche à
M. Brossart de n'ê-
tre pas assez grave
dans ses Motets.
Mais il fait ce re-
proche en des termes
qui nous ont un peu
surpris. Il deman-
de s'il n'est pas joli

24. Il auroit été
moins surpris, s'il
avoit voulu. Dans
ce discours assez sui-
vi & assez neuf, je
dis qu'au lieu de ne
mettre en chant
que des morceaux
de la sainte Ecriture;
comme font pres-
que tous nos Musi-
ciens, M. Brossard
néglige l'Ecriture-
sainte pour briller
par des paroles qui
paroissent purement
de lui. Quelle rap-

de voir M. Broſſart conter fleurettes à la ſainte Hoſtie dans ſon Motet, Ave vivens Hoſtia. p. 123. ſodie eſt-ce que les ſtrophes de ſon Motet à voix ſeule, Ave vivens Hoſtia? n'eſt-il pas joli de voir M. Broſſart conter fleurettes à la ſainte Hoſtie, ſi j'oſe ainſi m'exprimer, par de petits vers rimez & ſemez de pointes & de gentilleſſes ? j'ai crû cette expreſſion néceſſaire pour donner une averſion vive du méchant badinage d'un Motet, qui devroit être extrêmement ſage & dévot. Je tâche de ſauver cette expreſſion trés hardie par un correctif trés fort auſſi, ſi j'oſe ainſi m'exprimer : ce qui la précéde & ce qui la ſuit la ſauve encore, & l'indignation de ces paroles ſi mal-à-propos badines, de ces *petits vers rimez & ſemez de pointes & de gentilleſſes*, la ſauveroit ſeule. Si M. Andry croyoit ma phraſe inexcuſable avec le correctif & les adouciſſemens, pourquoi ne la raportoit-il point entiere ?

25. *Il ajoûte que ſi M. Broſſart s'étoit moins rempli d'érudition Italienne, il n'auroit pas fait des Amen & des Alleluia dignes du ſifftet.* 25. J'ai rendu ailleurs la juſtice dûë à M. Broſſard, homme reſpectable par une érudition ſinguliere en un Muſicien d'aujourd'hui. Du reſte, les plus

plus grands hommes ont quelque defaut
M. Andry même. Mais si le disciple de
Galien vouloit absolument faire un *recipé*
de Musique, il faloit qu'il consultât &
qu'il fît parler avec lui ce Mr Brossard,
& les Campra, les Lalouettes, Colas-
se, Bernier, Couprin, &c. gens capables
d'éclairer & d'autoriser sur la Musique,
même M. le Médecin.

26. *Une Réponse à la Défense du Paralelle des Italiens & des François en ce qui regarde la Musique & les Opera, finit cette troisiéme partie. L'Auteur y paroît bien moins picqué contre l'Auteur même de la Défense, que contre M. de Fontenelle, qui en est l'Aprobateur. Ses discours de la Lune & des étoiles, dit-il en parlant de M. de Fontenelle, ne soûtiennent pas mal le rôle qu'il s'est donné dans son dialogue de la*

26. *La pluralité des mondes est un ouvrage excélent, mais je doute que l'Eutyphron, le Phedon, les Alcibiades, &c. ne soient pas au dessus. Platon n'établit-il point mieux la Scene de ses Dialogues ? cette Marquise qui seule chez elle, y garde huit ou dix jours Mr de Fontenelle seul, & qui le méne tous les soirs aprés soupé se promener tête à tête avec elle au fond d'un Parc, étoit une bonne personne : ou plûtôt M. de Fontenel-*

pluralité des mon-
des.

le se fait traiter là un
peu en Auteur, en
homme un peu mépri-
sé. C'est là comme Madame de Sevigni
traitoit Ménage (mais Ménage n'en étoit
pas le maître) à ce que conte Mr de Bussi,
& franchement la respectueuse galanterie
de Mr de Fontenelle & ses discours de la
Lune & des Etoiles, ne soûtiennent pas mal
le rôle qu'il s'est donné. Qui compren-
droit quelque chose à ma pensée, de la
maniere que Mr Andry la coupe? n'a-
t-il point aprehendé qu'elle ne parût
vraïe & sensée, s'il s'abstenoit d'y donner
un tour de sa main?

27. C'est un ou-
trageant critique,
poursuit-il, & je lui
ferai peut-être voir
clairement qu'il a
mis 15. ou 16. Systê-
mes faux, & deux ou
trois fois autant de
traductions fausses
dans son discours sur
l'Eglogue & dans sa
digression sur les
Anciens & sur les
Modernes. p. 7.

27. outrageant
envers Theocrite
& Virgile: trés poli
ailleurs. Du reste,
ce que j'ai dit est fai-
sable.

28. J'estime mé-

28. Je tâcherai

<table>
<tr><td>

diocrement ſes vers,
ajoûte-t-il, p. 14.
mais je n'eſtime nul-
lement ſon goût.

</td><td>

de voir toûjours éga-
lement le bien & le
mal & je le dirai
toujours avec une
égale franchiſe…

</td></tr>
</table>

J'admirerai Mr de Fontenelle dans ſes ouvrages de Philoſophie, dans l'étenduë extraordinaire de ſon eſprit, dans ſa conver-
ſation: j'eſtimerai médiocrement ſes vers,
je n'eſtimerai nullement ſon goût. Ces
Meſſieurs ſont bien difficiles à contenter,
ils veulent qu'on les admire en tout. Et je
témoigne en deux ou trois autres endroits
l'eſtime ſincere que j'ai d'ailleurs pour un
homme d'un auſſi grand merite que Mr
de Fontenelle. Nous marquons differem-
ment Mr Andry & moi, que nous ſom-
mes picquez. Lui en cachant le bien qu'il
devroit dire, moi en le diſant volontiers.
Dans la rancune qu'il a contre moi, *a il
eſt homme à éborgner* Mr de Fontenelle,
& à s'éborgner lui-même *pour me faire per-*
dre un œil.

a Rom
com.
tom. 1.
ch. 6.

<table>
<tr><td>

29. *Quant à ce*
qui regarde l'Au-
teur de la défenſe du
paralelle, on témoi-
gne ici être fâché
d'avoir dit de ſon
Hiſtoire de Crom-
vel qu'il n'y avoit

</td><td>

29. Mr le Me-
decin Muſicien auſſi
bon ami qu'ennemi
cruel (& voilà tout
le fin de la politi-
que) ne ſe conten-
te pas de taire les
raiſons & les exem-

</td></tr>
</table>

que deux véritez. A peine vit-on cela imprimé, *dit-on,* qu'on se repentit de l'y avoir mis. ples que j'opose, en humble Musicien, à l'amere Rhetorique de la *Défense:* il tourne encore avec tout son art, ce qu'il juge à propos d'exposer de ma *Réponse.* Je n'ai jamais dit qu'il *n'y avoit que deux veritez dans l'Histoire de Cromvel,* mais j'ai raporté que le feu Roi d'Angleterre l'avoit dit. Premiere subtilité de Mr Andry. Et pour seconde subtilité, il oublie le sens de ces mots qui suivent: *J'eus le plus grand tort du monde, & j'en fais ici mille excuses à Mr l'Abbé, non que j'aye inventé ce mot du Roi Jâques, j'en serois au deseſpoir, je l'ai oüi citer à plusieurs honnêtes gens: de l'air dont Mr l'Abbé s'en défend, je m'imagine qu'il l'a oüi citer aussi, & il est constant chez tous les gens qui ſçavent un peu l'histoire, que la vie de Cromvel est fausse & mauvaise en quantité de caracteres & de faits. Mais enfin ce trait étoit étranger & indifferend à ma matiere, je ne devois point le raporter.* Quand la vie de Cromvel seroit *un extrait de M. Andry le véritable,* il faudroit convenir que c'est moins une histoire, qu'un roman: quoi qu'outre les soixante & tant de véritez que Mr l'Abbé m'y a montrées, il soit encore ſûr que la Tamise passe à Londres.

30. *Pour ce qui eſt de quelques contradictions qu'on a reprochées à nôtre Auteur, il répond là deſſus d'une façon aſſez ſinguliere. On accorde en un tems, dit-il, ce qu'on ſe reſerve à combatre dans un autre. p. 13. 14. on eſt ſouvent obligé de reprendre ce qu'on a loüé & de loüer ce qu'on a repris. Montagne & la Bruyere ne ſe contrediſent-ils pas ſouvent? il ajoûte que ſi cette inconſtance de ſentimens déplaît à ſes cenſeurs, il auront pour agréable qu'il ne laiſſe pas de continuer à la pratiquer.*

30. *J'ai examiné toutes mes contradictions prétenduës, je n'en ai pas aperçû une qui demande que je me iuſtifie: ou ſeulement que je m'éclairciſſe. Pour toute réponſe, je prie ceux qui entreront dans ce different, de relire attentivement mon Livre. Mr l'Abbé & Mr ſon Journaliſte n'entendent pas qu'on accorde ou qu'on ſupoſe en un tems ce qu'on ſe reſerve à combatre dans un autre, & qu'on peut regarder les hommes & les choſes de pluſieurs côtez, & ſous differens jours : que n'y aiant même ni hommes ni choſes qui*

ſoient d'un caractere entierement uniforme & ſoûtenu, qui ſoient entierement loüables ou blamables, on eſt ſouvent obligé de reprendre ce qu'on a loüé & de loüer ce qu'on a repris. Que Montagne & la Bruyere ſe contrediſent ſouvent! ſi cette inconſtance de sentimens déplaît à mes deux censeurs, (gens ronds en vérité,) qui n'ont qu'un mot & qui prennent parti sans partage, ils auront pour agréable que je ne laisse pas de continuer à la pratiquer. La quantité de supressions & de changemens que Mr Andry a faits en cét endroit, montre ce qu'il lui a fallu de talent & d'experience pour le défigurer. Je dis *qu'on accorde ou qu'on supose* souvent pour quelques momens ce qu'on réfutera ensuite, & il est incontestable que l'ordre, la netteté & cent diverses raisons contraignent tous les Auteurs d'en user ainsi. Il commence par retrancher, *ou qu'on supose*. Je dis qu'on est souvent obligé de reprendre, non pas précisément la même chose qu'on a loüée, mais une partie de la même chose, mais la même chose *regardée d'un autre côté, regardée sous un autre jour*. Il suprime les deux tiers du passage & accommode le reste à sa façon. Que Montagne se contredise, c'est Montagne lui-même qui l'observe : *Mon Histoire* a dit-il, *de son ton naïf, est un contre-rolle de divers & muables accidens & d'imaginations irrésoluës, & quand il y échet, contraires : soit que je sois autre moi même, soit que je saisisse les sujets par autres circonstances & considérations. Tant y a que je me contredis bien à l'aventure, mais l'avérité, comme disoit Démades, je ne*

a Essais lib. 3. ch. 2. Du repentir.

le contre-dy point. Cette pensée à été la source de la mienne, j'ai seulement eu tort de copier un Auteur qui n'a pas de bons sentimens de la Medecine & que Mr le Medecin n'a garde de lire. Quant à la petite alteration de la fin de mon passage, celle-là est une alteration d'honneur & de bien séance, choses sur lesquelles il est trop délicat, pour la lui reprocher. Je n'ai pas mis *déplait à mes censeurs, mais à mes* deux *censeurs,* c'est-à-dire à Mr son Abbé & à lui. Il avoit des raisons pour empêcher qu'on ne sçût qu'il étoit le second censeur à qui je répondois: n'étant point fâché de s'exemter de défendre ce *Maugars* inconnu, *un des plus grands Musiciens du siécle passé* : de défendre *ce mot de complication, qu'il a le premier dérobé à la medecine, &c.*

31. *L'Auteur de la défense du parralelle lui aïant reproché plusieurs équivoques, il répond que pour ce qui est des équivoques qu'on lui reproche, on pourroit bien avoir raison, mais que cependant il ne lès reformera point. En voilà plus qu'il ne*	31. *De ces dix ou douze fautes, il y en a la moitié qui consistent en quelques petites équivoques, quelques relatifs trop éloignez. Mr l'Abbé pourroit bien avoir raison en trois ou quatre endroits, cependant je ne les reformerai point. Il*

faut pour faire con-
noître ce que c'eſt
que cet Auteur &
ſon genre d'écrire.

aura la bonté de ſon-
ger que quand ces
équivoques ſont ſi
peu de choſe au ſens,
que que le lecteur ne
laiſſe pas de le voir

ſans s'y méprendre, l'Auteur feroit mal
d'alonger ou de ralentir ſa phraſe, pour les
corriger. Combien cette régle, qui eſt vraie
par tout, eſt-elle à conſidérer dans des
Dialogues? j'ai dit que je ne réformerai
point dans mes Dialogues *trois ou quatre
petites équivoques, parce qu'elles font ſi
peu de choſe au ſens, que lecteur ne laiſſe
pas de le voir ſans s'y méprendre;* mon
principe eſt-il mauvais? Et Mr Andry
n'eſt gueres reconnoiſſant; je le loüai
expreſſement d'avoir laiſſé à propos trois
de ces petites équivoques dans ſon premier extrait. Mais qu'il éprouve mieux
ma docilité: Dans mes Dialogues mêmes je
réformerai toutes les équivoques & toutes les phraſes qui aprocheront des ſien-
nes, que j'ai relevées plus haut.

Ma troiſiéme partie contient encore un
éclaiciſſement ſur Buononcini, que ceux qui
aiment & ſçavent la Muſique goûteront
peut-être. Mr Andry n'en fait point men-
tion, & je m'en étonne. *En voilà plus qu'il
ne faut pour faire connoître ce que c'eſt* que
Mr le Medecin Muſicien, *& ſon genre,* ou

pour parler juste, sa maniere d'extraire.

Ce 15. *Juin* 1706.

Je n'ai point voulu vous envoïer ceci, Monsieur, que je n'eusse vû l'extrait de la *défense*, qu'on attendoit du R. P. B. dans le *a* nouveau Journal de Trevoux. *a* May 1706. La parenté & l'engagement, des éloges donnez au *Paralelle* n'ont sçû trouver ici rien à loüer, peu de chose à m'objecter, & il n'est au monde qu'un *Andry* pour l'art d'imaginer officieusement. 1°. Si *les Italiens prononcent mal leur langue en chantant,* comme je l'ai soûtenu, qui les instruira, demande le R. P. B. ? la raison, le bon goût, l'exemple des François leurs voisins. Les Italiens prononcent bien leur langue en un sens, puis qu'ils la prononcent selon leur usage : mal en un autre, puis qu'il ne font pas entendre nettement les mots. La distinction étoit difficile ! Nos anciens chanteurs qui prononçoient leurs airs à faire pitié, sçavoient aussi prononcer leur propre langue. Mais les Italiens entendent leurs chanteurs, ç'en est assez.... entendions nous les nôtres ? non, de l'aveu général. 2°. J'avance que *les Italiens serrent tous les dents* : il est évident qu'ils ouvrent la bouche excessivement.... D'abord sans nul miracle, on peut ouvrir la bouche & ne pas ouvrir les dents,

& ils ne l'ouvrent gueres que dans leurs
roulades. 3°. Comment dans ces roulades, les Italiens, à moins que d'être Ma-
giciens, *tiendront-ils la bouche ouverte des
quarts d'heure entiers, sans remuer la langue ni les lévres ?* je n'ai pas dit que j'euſſe
meſuré à une horloge ſûre le quart-d'heure entier, ni que les Italiens tiennent la
bouche ouverte comme s'ils bâailloient
bien fort, & je ne garantis pas qu'il ne
remuent tant ſoit peu la langue & les
lévres. Enfin, je compare la Muſique Italienne à des ragoûts & puis je l'apelle
fade, contradiction reprochable juſqu'à
la centiéme fois, & qui détruit mille preuves. Cependant il y a quarante pages de
diſtance entre ces deux endroits : ſuis-je
obligé de ſuivre toûjours ſcrupuleuſe-
ment la même idée, & ce mot, *fade*,
ne s'eſt-il jamais pris en général *pour*
mauvais, ennuïeux ? Dans dix ans, que la
Muſique Italienne ſera regardée en France comme les Acroſtiches & les Ana-
grammes, qu'ils ſeront tous honteux,
Journaliſtes & R. de l'avoir défenduë
au prix qu'ils font ! leurs manieres me
loüent trop.
Mais ils diront, & déja je les croi,
Que l'on leur doit pardonner cette affaire:
Ils n'ont pas ſçû ce qu'on leur faiſoit faire,
Ils en parloient, ſans bien ſçavoir dequoi.

www.ingramcontent.com/pod-product-compliance
Lightning Source LLC
LaVergne TN
LVHW021153200726
843510LV00001B/331